Quand les Gaulois deviennent gallo-romains

Une histoire de **Gérard Moncomble**
Un dossier documentaire de **Michèle Longour**
Des activités de **Béatrice Garel**

NATHAN

sommaire

L'histoire

Méga-infos

Activité

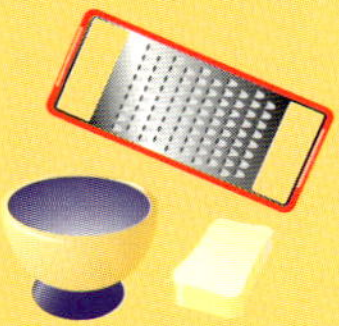

Anecdotes

Jeu

Activité

Test

Cuculus !

Cousin Cucubus

J'adore jouer aux noix. Si je pouvais, j'y passerais mes journées. Quelquefois, avec Satto, mon pédagogue, on s'exerce pendant des heures. On choisit un gros vase en terre cuite, à l'ouverture étroite, on se met à cinq pas, et on lance des noix à tour de rôle. Satto n'est pas maladroit, mais je le bats régulièrement.

À moins qu'il ne le fasse exprès. Mon père, Caius Julius Epotsorovido, qui a des principes, n'apprécierait pas qu'un esclave soit plus adroit que son fils.

Il exagère, le pater. Évidemment, sa charge de questeur ne l'incite pas à la générosité. Faire rentrer les taxes et les impôts, ça laisse des traces ! Aemilia Hilaria, ma mère, dit qu'à force de compter les deniers publics il a le cœur aussi sec qu'un pépin de courge. Elle n'a pas tort. Papa a plus d'affection pour Vercingétorix, son coq apprivoisé, que pour nos esclaves.

Je l'aime bien, moi, Satto. En principe, il est là pour me faire réciter les leçons, m'aider à écrire, à compter. C'est son rôle de pédagogue. Mais il est bien plus que ça pour moi. Tous les deux, on joue, on bavarde, on se promène dans la campagne. Le soir, avant que je m'endorme, il me raconte des histoires, malgré mes douze ans bien sonnés.

Satto est mon ami. La seule chose que je lui reproche, en ce moment, c'est de m'emmener à l'école. Comme ce matin.

– Tu es prêt, Gedomo ? claironne-t-il.

Je ne déteste pas l'école. Loin de là. Mon maître, Marcellus Patera Vigo, ne ferait pas mal à une mouche. Quand il nous menace de sa férule, personne ne le prend au sérieux. C'est un vieil homme joyeux, qui rit tout le temps. Avec lui, la classe est presque un jeu. Seulement voilà : depuis qu'il est tombé malade, il y a un mois, on ne joue plus. Plus du tout. Car le maître a eu la mauvaise idée de se faire remplacer par son cousin. Il nous l'a même présenté avant de partir.

Volcacius Patera Cucubus était souriant, bavard, plutôt sympathique. On n'a pas tardé à déchanter. Le cousin Cucubus a vite montré son vrai visage. Celui d'un homme colérique, cruel, injuste. Une brute qui passe son temps à nous traiter de tous les noms et, pire, à nous cingler méchamment avec sa férule dès qu'on fait quelque chose de travers. On dirait qu'il aime ça, ce dingue. Jamais notre vieux maître n'aurait levé la main sur nous.

Satto dit qu'il faut être patient, que Marcellus Patera Vigo reviendra bientôt. Je sais qu'il souffre presque autant que moi de la situation.

En attendant, on supporte Cucubus. Si Cernunnos, le dieu à la ramure de cerf, pouvait lui pétrifier les deux mains et la langue !

L'affrontement

Je mets ma grande blouse bleue, aux larges plis, et je donne à Satto mes tablettes de bois, mon étui à stylets, ainsi que mon boulier. En route, Satto me fait réciter un poème d'Ovide.

L'école n'est pas plus grande qu'une boutique. Le seul avantage, c'est qu'elle est située sur le forum, au cœur de la ville. Un endroit que j'adore, parce qu'il s'y passe toujours quelque chose. Ça me change de la maison où je m'ennuie la plupart du temps.

Lorsque j'entre dans l'unique salle, il y a Posso, Tulius, Timor et Orovido, mes habituels compagnons. Cucubus est debout, sa terrible férule à la main. Je me glisse parmi les autres, assis en arc de cercle en face de lui.

– Caius Julius Gedemus, tu es en retard, dit Cucubus, de sa voix semblable au coassement d'un crapaud.

Il m'appelle Caius Julius Gedemus, à la romaine, pour me narguer. Moi qui suis si fier de mes ancêtres gaulois. Je soutiens son regard sans broncher.

– Tu sais que je ne tolère pas ça...

Je sais. L'autre jour, c'est Orovido

qui est arrivé après le début de la classe. Cucubus l'a obligé à apprendre un long poème de Virgile. Naturellement, Orovido, qui n'a pas inventé la roue, s'est emmêlé la langue dans sa récitation. Alors la baguette du maître s'est abattue dix fois sur ses épaules. Le pauvre Orovido a beaucoup pleuré.

Cucubus a les yeux rivés aux miens, soupesant avec gourmandise quelle va être ma punition. La rage monte en moi.

– Tu ne me fais pas peur, *cuculus* !

J'ai prononcé le dernier mot lentement, en insistant sur la dernière syllabe. Qu'il entende bien que j'ai changé une lettre ! *Cuculus*, ça veut dire imbécile. Le maître blêmit. Il sait qu'on l'appelle comme ça entre nous, mais jamais quelqu'un n'a eu l'audace de lui lancer l'insulte au visage. Son bras se lève, et la férule siffle. Il vise le creux de l'épaule, là où ça fait mal. C'est réussi. Le coup m'arrache un cri, mais pas celui

qu'il attend. Je crie : « Cuculus ! Cuculus ! Tu n'es qu'un vieux cuculus ! »

Je galope vers la porte, poursuivi par un Cucubus fou furieux, qui glapit comme un dindon. J'ai des mollets de douze ans, il peut toujours s'aligner ! Je suis déjà au milieu du forum quand il déboule sur le seuil de l'école, la bouche tordue par la colère.

– Ne reviens jamais ici, Caius Julius Gedemus ! hurle-t-il. Ou je te rouerai de coups !

Dans la ville basse

Je n'ai pas envie de rentrer à la maison. Pour quoi faire ? Expliquer à mon père que je viens d'insulter Cucubus et qu'il m'a chassé de son école ? Il serait capable de me fouetter, lui aussi. Alors je flâne dans les rues étroites qui entourent le forum. Il y a un monde fou, à cette heure-ci.

Je me laisse porter par le mouvement de la foule. Je me sens amer, triste. Et puis je vois Satto, un pain rond à la main, qui sort d'une boulangerie. Je cours vers lui, raconte mon histoire. Il secoue la tête, outré.

– Ce gredin de Cucubus ! Il aurait dû être bourreau, pas maître d'école.

– Je ne supporterai pas qu'il me frappe une seule fois de plus, tu sais !

Satto réfléchit un instant puis murmure, d'un air mystérieux :

– Suis-moi, Gedomo.

Et il m'entraîne vers la ville basse.

On marche longtemps, jusqu'au quartier des foulons. Je me bouche le nez, tellement ça pue. Pour rendre le tissu plus résistant, les foulons le font tremper dans un drôle de mélange ! Urine et argile, bonjour l'odeur !

Satto s'enfonce sous un petit porche voûté. Quelques marches humides, et on pénètre dans une pièce sombre,

enfumée. Au fond, une vieille femme est accroupie devant un foyer creusé à même le sol, où quelques tisons rougeoient. Ses lèvres remuent doucement. Satto s'agenouille près d'elle.

– J'ai besoin de tes pouvoirs, Métilia. Il y a quelqu'un à qui il faut que tu jettes un sort.

L'envoûteuse

Une envoûteuse ! C'est la première fois que j'en vois une de près. On les décrit comme des femmes coiffées de serpents, aux yeux de braises vives. Celle-là a des cheveux blancs et des yeux gris. Rien d'extraordinaire.

Elle se lève péniblement, fouille dans un coffre de bois noir et en retire une feuille de plomb, qu'elle étale sur une pierre plate.

– Il s'appelle Volcacius Patera

Cucubus, dit Satto. C'est un être malfaisant.

Il se tourne vers moi.

– Que veux-tu lui faire subir ?

Je bafouille, pris de court :

– Euh... J'aimerais qu'il ait mal au ventre pendant trois jours.

– Sois sérieux, petit maître. Veux-tu qu'il meure de lèpre ? de choléra ? de peste ? Choisis.

– Qu'il... qu'il meure ? Mais Satto...

Métilia s'impatiente, un stylet à la main, devant sa tablette.

– La lèpre, siffle-t-elle. Ça fait souffrir, c'est mieux.

Satto approuve. La vieille femme grave alors un texte dans le métal gris. Lorsqu'elle a terminé, elle lance sur les braises une poudre qui s'embrase. Plusieurs fois. Puis, les yeux blancs, elle fait de curieux moulinets avec ses mains, marmonnant des paroles incompréhensibles.

Enfin, d'une voix monotone, elle lit le texte :

J'en appelle à Pluton et Proserpine,
les dieux infernaux,
qu'ils me délivrent
de Volcacius Patera Cucubus,
qu'il soit frappé par la lèpre
et moi délivré de lui,
maudit soit Volcacius Patera Cucubus.

Elle roule la tablette d'envoûtement, me la tend.

– Cette nuit, tu te rendras au cimetière. Tu réciteras trois fois la formule avant de déposer la tablettte dans une des tombes. Peu importe laquelle. Les dieux qu'on honore en ces lieux sacrés entendront tes paroles.

La tête me tourne, soudain. Aller dans un cimetière, la nuit, pour réciter une formule qui va tuer un homme à petit feu ? Dans des souffrances effroyables ? Elle est cinglée ou quoi ? Je ne suis pas un assassin, moi !

Je fais demi-tour et cavale vers la petite porte basse.

– Où vas-tu ? hurle Satto.

– Ailleurs que dans ce trou à rats ! Vous êtes malades, toi et ta Métilia ! Cucubus ne mérite tout de même pas la lèpre !

Une ronde

Je cours à travers les rues. La tête résonnant encore des horribles mots de l'envoûteuse. Je cours longtemps, sans rien voir des maisons et des gens. J'aimerais que tout disparaisse, Cucubus, l'école, Satto, Métilia, tout ! Des larmes brûlent mes yeux.

Quand je m'arrête, hors d'haleine, je m'affale par terre. Je reste là un long

moment, la poitrine en feu, à reprendre mon souffle. À réfléchir. Puis, enfin apaisé, je reprends le chemin de l'école. Je ne peux pas fuir éternellement. Il faut que j'affronte Volcacius Patera Cucubus.

Il est presque midi. Le forum grouille de monde. J'approche lentement de l'école, le cœur battant. J'y suis presque. Soudain une silhouette surgit sur le seuil. Cucubus ! Cucubus furieux, qui gesticule, vocifère, tourné vers quelqu'un que je ne vois pas. Il passe devant moi sans même m'apercevoir et disparaît dans la foule.

Je me précipite dans la classe. Posso, Tulius, Timor et Orovido sont en train de faire une ronde autour de Marcellus Patera Vigo, notre vieux maître. Il rit en voyant mon air étonné.

– Eh oui, Gedemo, Satto m'a convaincu de raccourcir ma convalescence !

Au fond de la classe, mon pédagogue me regarde, l'œil rieur.

– Tu avais raison, petit maître. Il y avait plus simple que la lèpre !

Moi aussi, j'ai envie de danser de joie. Par terre, dans la poussière, je viens d'apercevoir la férule de Cucubus.

Brisée en deux.

Qui sont les Gaulois ?

Mega-infos
p. 18-19

À partir de 800 avant Jésus-Christ, des peuples d'Europe centrale arrivent par tribus entières dans les régions qui formeront la Gaule.

Les premiers habitants

Depuis les temps préhistoriques, des hommes vivent sur le territoire que l'on appellera la Gaule. Vers 800 avant Jésus-Christ (av. J.-C.), ils sont déjà cinq millions. Ils ont appris à cultiver la terre, à élever des animaux. Leurs outils sont en bois, en os, en pierre, comme ceux de leurs ancêtres. Depuis 2000 av. J.-C., ils utilisent aussi le bronze, un **alliage*** de cuivre et d'étain.

Alliage
Mélange de deux métaux.

Les maîtres du fer

Au centre de l'Europe, dans la région des Alpes, les Celtes forment un peuple à part. Ils ont leur langue, leur religion, leurs traditions. Mais surtout, ils savent travailler le fer, un métal bien plus solide que le cuivre et le bronze. Avec le fer, ils fabriquent des armes et des outils beaucoup plus résistants. C'est une vraie révolution !

« Les Celtes arrivent ! »

De 800 à 500 av. J.-C., des tribus celtes quittent les Alpes pour aller chercher de meilleures terres. Ils envahissent les îles britanniques, l'est de l'Europe, le nord de l'Italie…

La naissance de la Gaule

En marchant vers l'ouest, entre le Rhin et l'Atlantique, les Celtes découvrent des régions au climat doux, aux forêts **giboyeuses*** et aux plaines fertiles. Ils s'y installent et se mêlent peu à peu aux hommes qui vivent déjà là…
En 300 av. J.-C., les plaines qui bordent la Seine, le Rhône et l'océan Atlantique sont peuplées par des tribus celtes qui partagent à peu près les mêmes traditions. On appelle toutes ces régions la Gaule ou la Celtique, et leurs habitants les Gaulois…

Giboyeuses
Riches en gibier à chasser.

Des paysans et des guerriers

Mega-infos
p. 20–21

Après leur installation en Gaule, les Celtes, ou Gaulois, deviennent des paysans habiles, mais ils restent de farouches guerriers.

Bons cultivateurs

En Gaule, les Celtes apprennent à cultiver les terres de façon remarquable. Beaucoup de leurs outils sont en fer : les **socs*** de charrue, les haches, les pioches, les faux et les faucilles… Grâce à cela, les récoltes augmentent : ils produisent beaucoup de blé ainsi que de nombreux légumes. Ils élèvent aussi des bœufs, des chevaux et surtout, des porcs. Ils ne connaissent plus la faim !

Soc
Pointe métallique qui s'enfonce dans la terre et creuse des sillons où seront semés les grains.

Chasseurs et bûcherons

Au bord des champs et des villages s'étendent d'immenses forêts. Les Gaulois y cueillent des fruits, des glands, des champignons… Ils y chassent le lièvre, le cerf et surtout le sanglier. Ils y trouvent du bois pour construire des charpentes, des maisons, des bateaux, ou pour fabriquer des chars, des sabots, des paniers…

Toujours prêts pour la guerre

Les hommes n'ont peur ni du combat ni de la mort. Armés de lances et de longues épées de fer, équipés de casques et de boucliers, ils attaquent leurs ennemis sur leurs chars de guerre, en poussant des cris effrayants. Dans des tombes, on a retrouvé de riches guerriers enterrés avec leur char, leurs parures, leur **torque*** et leurs armes.

Torque
Gros collier court en bronze ou en or.

traces d'un oppidum *à Vix en Bourgogne*

Derrière des remparts

La ville gauloise est fortifiée, et bâtie sur des hauteurs pour se protéger des invasions. C'est un *oppidum*. Les remparts sont constitués d'un entrecroisement de poutres en bois, de pierres et de terre. Ces murs, qui peuvent mesurer plusieurs mètres d'épaisseur, sont d'une solidité remarquable !

Mega-infos
p. 22-23

Les inventions gauloises

Les Gaulois sont des artisans ingénieux. Bien avant la conquête romaine, ils savent fabriquer des produits ou des objets tout nouveaux en Europe !

LE TONNEAU

Alors que les Grecs et les Romains transportent leurs produits dans des amphores en terre cuite, les Gaulois fabriquent déjà des tonneaux en bois de châtaignier cerclés de fer, bien pl solides.

LA CERVOISE

C'est une bière fabriquée à partir d'une sorte de blé. Les Gaulois boivent aussi de l'hydromel, une boisson à base de miel, et du vin, qu'ils achètent aux marchands italiens.

Spécialités gauloises

Pâtés, boudins, saucisses…
Les Gaulois sont des spécialistes de la viande de porc. Ils la préparent sous forme de charcuterie, ou bien de ***salaisons**** *qui sont vendues d'une région à l'autre et même en dehors de la Gaule.*
Ils fabriquent aussi des foies gras et de nombreux fromages.

Salaisons
Produits frais conservés dans le sel.

Le savon

Dans un grand chaudron, l'artisan gaulois fait fondre de la graisse animale, qu'il mélange à chaud à de la cendre. Il obtient une pâte qui refroidit : ce savon sert à fabriquer certains médicaments, à blanchir les tissus ou à faire sa toilette !

Les braies

Les hommes gaulois portent des pantalons appelés braies, taillés dans des tissus aux couleurs vives. Cela étonne beaucoup les Romains qui, à la même époque, se drapent dans des tissus ou des tuniques et ne portent pas de pantalons.

mais aussi...

La moissonneuse

ette grosse caisse sur roues, armée de dents à l'avant, st poussée par un bœuf dans les champs de blé. es dents de bois arrachent alors es épis qui tombent dans la caisse. n l'utilise sur de grandes tendues, à la place de la faux.

FABRIQUE TON SAVON

Activité
p. 24-25

L'ancêtre de notre savon, le *sapo* gaulois, était fabriqué à partir de graisse, de cendres et de plantes. Fabrique toi aussi du savon mais à partir d'ingrédients plus modernes !

Il te faut :

- du savon de Marseille pur,
- une râpe à fromage,
- de l'huile d'amande douce,
- du thym, de la lavande, du miel, des flocons d'avoine...,
- des colorants alimentaires,
- un grand verre d'eau (pour 300 gr de savon),
- un bol et une casserole.

Réalisation

1 Râpe le savon dans un bol.

2 Demande à un adulte d'ajouter de l'eau bouillante et de faire chauffer doucement au bain-marie dans la casserole.

3 Quand le mélange devient pâteux et non liquide, retire le bol de la casserole.

4 Prélève des petites quantités de pâte et ajoute les ingrédients de ton choix : quelques gouttes d'huile ou une poignée de fleurs de lavande...
Colore légèrement le savon et forme des boules.
Fais sécher pendant 24 heures .

Mega-infos
p. 26-27

La religion des druides

Comme tous les peuples celtes, les Gaulois adorent les forces de la nature. Dans les forêts, ils assistent aux cérémonies dirigées par leurs druides, des prêtres tout-puissants.

Des dieux mystérieux

Les Gaulois ont au moins quatre cents divinités, très différentes les unes des autres. Il y a Taranis, le dieu du ciel et du tonnerre, Teutatès (Toutatis), le protecteur des tribus, Lug, le dieu des combats et des arts, qui a donné son nom à la ville de Lugdunum (Lyon)... Mais ils adorent aussi des animaux comme le sanglier, l'ours ou le cheval, et même des arbres, des fleuves sacrés et des sources miraculeuses.

Qui sont les druides ?

Ce sont les prêtres de la religion celte. Ils organisent les sacrifices et les fêtes, coupent le gui, une plante sacrée qui pousse en hiver sur le chêne... Une fois par an, tous les druides de Gaule se réunissent dans la forêt des Carnutes, dans la région de Chartres, pour élire leur chef.

Les vrais maîtres de la Gaule

Les druides arbitrent les conflits entre les tribus. Ce sont les seuls Gaulois qui ne font pas le service militaire ! On les considère aussi comme des savants, car ils connaissent les **plantes médicinales*** et les mouvements des astres.

Plantes médicinales
Plantes qui servent à soigner des maladies.

Les druides ne transmettent leurs connaissances aux jeunes nobles, que par la parole. Les Gaulois n'utilisent pas l'écriture.

Des sacrifices

Dans le nord de la Gaule, des cérémonies ont lieu devant des temples en bois. Dans les fossés qui les entouraient, on a retrouvé des armes, des restes d'animaux et des ossements humains : les Gaulois sacrifient en effet des animaux et peut-être des hommes. Ils offrent aussi à leurs dieux les corps et les armes de leurs ennemis tués au combat.

La Gaule indépendante

Mega-infos
p. 28-29

En 100 av. J.-C., la Gaule est peuplée par une multitude de tribus qui ne cessent de se faire la guerre…

Des tribus divisées

Les Gaulois parlent la même langue, ils partagent les mêmes traditions, mais ils appartiennent à une cinquantaine de tribus qui ont chacune leur chef. Les plus puissants sont les Arvernes, les Allobroges, les Carnutes, les Éduens… Or, ces tribus se font une guerre permanente. Les Éduens sont même devenus les alliés des Romains !

*Au nord, la **Gaule Belgique** est peuplée elle aussi de tribus celtes. Les tribus gauloises occupent un territoire bien plus vaste que la France actuelle.*

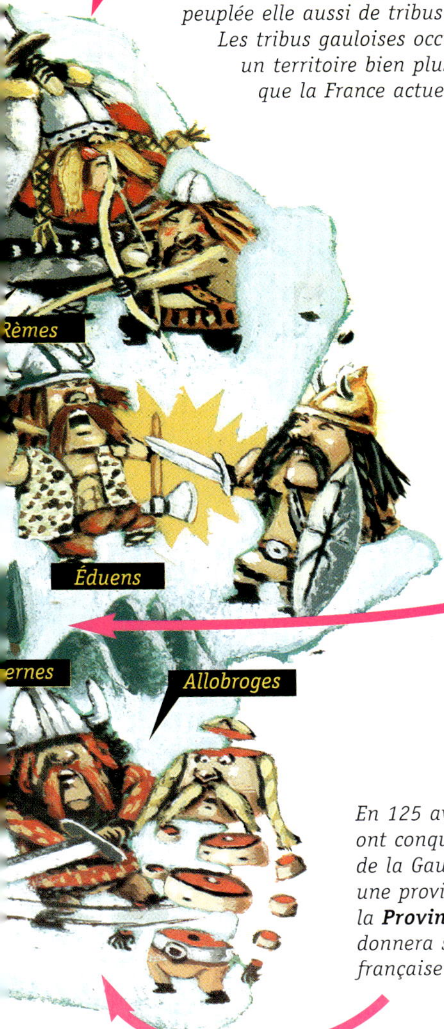

Des noms qui sont restés

De nombreuses régions de France doivent leur nom à des tribus gauloises. Les Arvernes ont donné leur nom à l'Auvergne, les Parisii à la ville de Paris, les Vénètes à la ville de Vannes, les Rèmes à Reims, les Turons à Tours, les Tolosates à Toulouse, les Calètes à Calais...

*Le centre de la Gaule est surnommé la **Gaule chevelue** à cause des immenses forêts qui recouvrent les terres comme une épaisse chevelure.*

*En 125 av. J.-C., les Romains ont conquis le Sud-Est de la Gaule. Ils en ont fait une province romaine appelée la **Provincia**, qui plus tard, donnera son nom à la région française de la Provence.*

L'attaque de Jules César

Mega-infos
p. 30-31

**Il y a longtemps déjà
que le Romain Jules César rêve de conquérir la Gaule.
En 58 av. J.-C., l'occasion se présente...**

Rome, une puissante République

La ville de Rome est située en Italie, au sud de la Gaule. Son armée a déjà fait la conquête de nombreux pays autour de la Méditerranée, comme la Grèce, par exemple. Rome est une République : tous les citoyens sont égaux, mais les grandes familles se disputent le pouvoir en organisant des révoltes et des assassinats !

Qui est Jules César ?

Il appartient à une grande famille romaine et a déjà été élu à des postes politiques importants. En 58 av. J.-C., il a 44 ans. César veut devenir le seul maître de Rome. Pour cela, il lui faut remporter une grande victoire, faire la conquête d'un pays riche et puissant. César pense bien sûr à la Gaule, ce pays qui inquiète tant les Romains...

La chance de César

En 58 av. J.-C., les Helvètes, une tribu gauloise qui vit sur le territoire de la Suisse actuelle, sont menacés au nord par un puissant peuple de Germains. Ils décident donc de partir vers l'ouest pour s'installer au bord de l'Atlantique. Mais lors de leur passage sur le territoire des Éduens, ces derniers appellent César pour les repousser.

Au secours des Éduens

Jules César rentre en Gaule chevelue avec toute son armée. En quelques jours, il massacre les Helvètes, et force les survivants à rentrer chez eux. Puis il écrase à leur tour les Germains qui voulaient envahir la Gaule. Les chefs gaulois applaudissent, mais après cela, les légions de César restent en Gaule.

Jules César part à la conquête de la Gaule.

Incroyable mais

UN NOM DE SANDALE

La *caliga* était une sandale gauloise en cuir à semelle cloutée, très appréciée par les légionnaires romains. Un empereur romain aimait tellement porter ces sandales qu'on lui a donné le surnom de Caligula, diminutif de caliga. Caligula le sanguinaire a régné de 37 à 41 après J.-C.

UN VASE GÉANT

En 1953, à Vix, en Bourgogne, des archéologues dégagent de la boue un vase de bronze haut de 1,64 m et lourd de 208 kilos. Il fait partie des objets placés dans la tombe d'une princesse gauloise, enterrée là en 500 av. J.-C., avec son char, ses bijoux et de nombreux autres vases… C'est le plus grand vase de bronze jamais retrouvé ! Ses élégantes sculptures prouvent qu'il fut fabriqué en Italie du Sud, puis transporté en Gaule pour une noble famille gauloise…

DRÔLE DE DENTIFRICE !

Les riches Gallo-Romains apportaient beaucoup de soin à leur toilette. Pour se laver les dents, certaines dames utilisaient de la cendre de rat mélangée à du miel et à de la racine de fenouil (un légume). D'autres mélangeaient de l'urine de garçon à de la poussière de pierre ponce (une pierre légère pleine de trous) !

LE CALENDRIER DE CÉSAR

Les mois de notre calendrier doivent leur nom à… Jules César. En 46 avant J.-C., il établit un nouveau calendrier, le calendrier julien, divisé en 12 mois. L'année s'ouvre avec *mensis januarius* (janvier) en l'honneur de Janus, dieu des portes… Le troisième mois, *mensis martialis* (mars), est dédié à Mars, dieu de la guerre. *Mensis junius* (juin) honore Junon déesse de la famille, et *mensis julius* (juillet), Jules César lui-même alors que *mensis augustus* (août) est le mois de l'empereur Auguste.

La guerre des Gaules

De 58 à 52 av. J.-C., Jules César bat toutes les tribus gauloises. Dans son journal, il appelle cette conquête la guerre des Gaules.

Les légions romaines

Le légionnaire romain n'est pas mieux armé que le soldat gaulois. Mais c'est un soldat de métier qui obéit parfaitement aux ordres de son centurion. De plus, chaque légion est très bien organisée. En quelques instants, l'armée peut appliquer la stratégie du général, alors que les Gaulois partent à l'attaque en ordre dispersé.

reconstitution d'une bataille navale

1 centurie = *100 hommes*

1 cohorte = *6 centuries (600 hommes)*

1 légion = *10 cohortes (6 000 hommes)*

Centurion = *chef de 100 soldats formant une centurie*

Belges contre Romains

Dès l'été 57 av. J.-C., plusieurs tribus gauloises de Belgique s'unissent pour chasser Jules César hors de Gaule. Sur les rives de l'Aisne, 300 000 Gaulois font face aux légions de César, composées seulement de 50 000 hommes. Et pourtant, les Romains, mieux commandés, remportent la bataille ! Jules César conquiert tout le nord de la Gaule.

Terrible bataille navale

En 56 av. J.-C., les Romains soumettent toute la Bretagne actuelle et les côtes atlantiques. Mais les Vénètes se révoltent. Vite, César doit faire construire des galères pour affronter leurs vaisseaux sur l'océan. Les Romains l'emportent en coupant les cordages des navires gaulois avec des faux installées sur des perches !

César se croit vainqueur

En 52 av. J.-C., après six ans de guerre, César a fait la conquête de toute la Gaule. Il a même franchi la Manche pour intimider les peuples des îles britanniques. Sa gloire est déjà grande ! Alors il rentre en Italie, en laissant des légions un peu partout en Gaule.

Pourtant, la guerre des Gaules n'est pas encore finie...

Vercingétorix, chef des Gaulois

Mega-infos
p. 36-37

Durant l'hiver 52 av. J.-C., Vercingétorix, un jeune chef gaulois, prend la tête de la révolte contre les Romains.

Le signal de la révolte...

En cet hiver 52 av. J.-C., les légions romaines sont dispersées un peu partout en Gaule. Et voilà qu'à Cénabum (Orléans), les Carnutes massacrent des marchands romains... La nouvelle est clamée de village en village, jusqu'au pays arverne, au centre de la Gaule. C'est la révolte générale !

Vercingétorix proclamé chef

Vercingétorix, un jeune prince arverne, prend le commandement des Gaulois révoltés. Il parle si bien qu'il persuade les chefs de différentes tribus de s'unir enfin contre les Romains. 80 000 combattants arrivent de toute la Gaule pour le suivre. Mais ils doivent faire vite, car Jules César revient d'Italie en traversant les Alpes enneigées !

L'attaque de Gergovie

Au printemps, Vercingétorix change de tactique. Ses guerriers se réfugient derrière les remparts des villes, comme Gergovie, l'*oppidum* du pays des Arvernes. César lance ses troupes à l'assaut de Gergovie, mais elles sont balayées. La tribu gauloise des Éduens, qui avait toujours soutenu les Romains, rejoint alors l'armée de Vercingétorix !

Derrière les remparts de Gergovie, les Gaulois remportent une grande victoire.

La tactique de la terre brûlée

Vercingétorix choisit de ne pas affronter les légions romaines de face, en terrain plat. Il préfère les attaques surprises, les embuscades. Il demande même aux paysans de brûler leurs fermes, leurs réserves de grain et leurs villages, pour que les légions de César ne trouvent rien à manger.

Le siège d'Alésia

Mega-infos
p. 38-39

À la fin de l'été 52 av. J.-C., Vercingétorix doit se replier avec son armée derrière les remparts d'Alésia. Le voilà pris au piège...

Une erreur militaire

Après sa victoire à Gergovie, Vercingétorix donne l'ordre d'attaquer l'armée romaine, qui marche vers le sud pour se replier. Mais César a embauché de nouveaux cavaliers chez les peuples germains. Les Gaulois sont repoussés et doivent se réfugier derrière les remparts de la ville la plus proche : Alésia.

constructions romaines autour du site d'Alésia

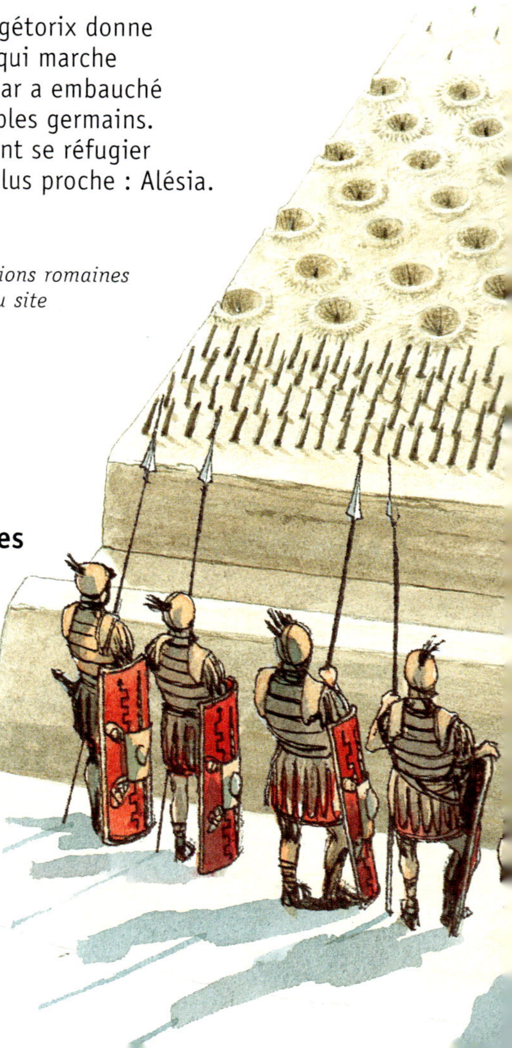

Des fortifications redoutables

Pour empêcher les Gaulois de sortir d'Alésia, César fait creuser des fossés au pied des remparts et bâtir des fortifications de 15 km de long, entourant la ville. Entre les fossés et les défenses, les légionnaires installent des chausse-trapes (pieux camouflés au fond d'un trou) et des pointes en bois. Une deuxième ceinture de défenses, à l'extérieur, empêche des renforts d'arriver. Le piège se referme sur les Gaulois.

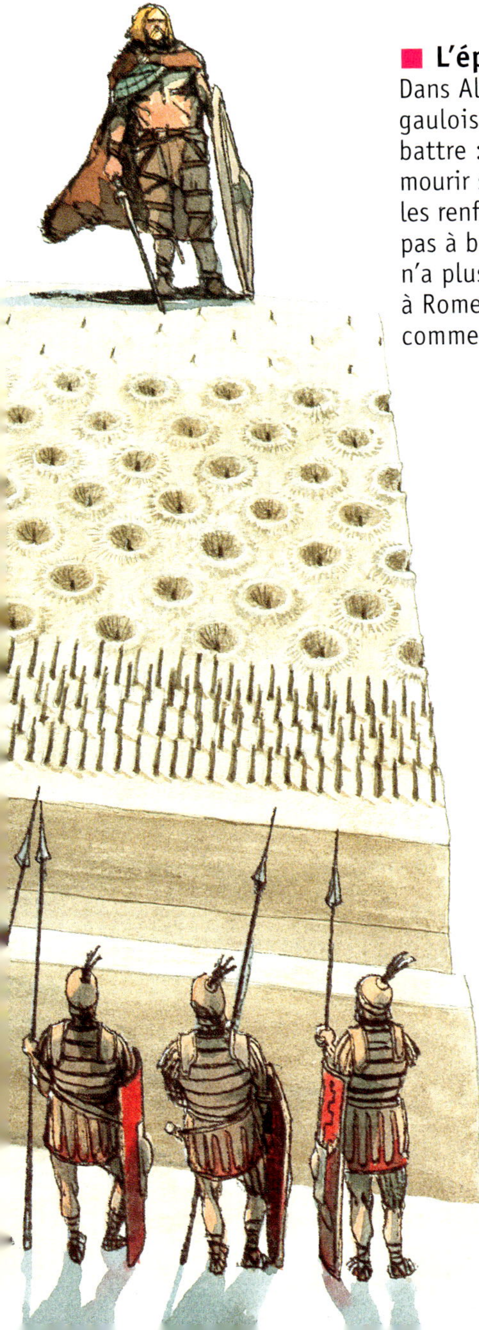

L'épreuve de la faim

Dans Alésia, on meurt de faim. Alors les chefs gaulois chassent ceux qui ne peuvent se battre : femmes, enfants, vieillards viennent mourir sous les yeux des Romains. Enfin, les renforts arrivent, mais ils ne parviennent pas à briser les lignes romaines. Vercingétorix n'a plus qu'à se rendre : il est emmené à Rome et ses guerriers sont vendus comme esclaves.

Le triomphe de César

Après Alésia, César vient vite à bout des derniers résistants gaulois. En 51 av. J.-C., la guerre des Gaules est terminée. Six ans plus tard, en 46 av. J.-C., Jules César célèbre à Rome son triomphe sur la Gaule : il défile avec toute son armée, son **butin*** et ses prisonniers. Vercingétorix est présenté aux foules, enchaîné comme une bête. Il sera étranglé dans sa prison.

Butin
Armes et richesses prises à l'ennemi.

La Gaule devient romaine

Après la conquête romaine, peu à peu, la Gaule se transforme. Pendant 300 ans, c'est l'époque gallo-romaine.

Mega-infos
p. 40-41

Quatre grandes provinces

Le territoire gaulois est réorganisé en quatre grandes provinces : la Narbonnaise au sud, qui remplace la Provincia, l'Aquitaine au sud-ouest, la Lyonnaise et la Gaule Belgique. Ces trois dernières provinces ont une seule et même capitale : Lugdunum, créée par les Romains en 43 av. J.-C., sur une voie de passage entre l'Italie au sud et les régions du Nord de l'Empire.

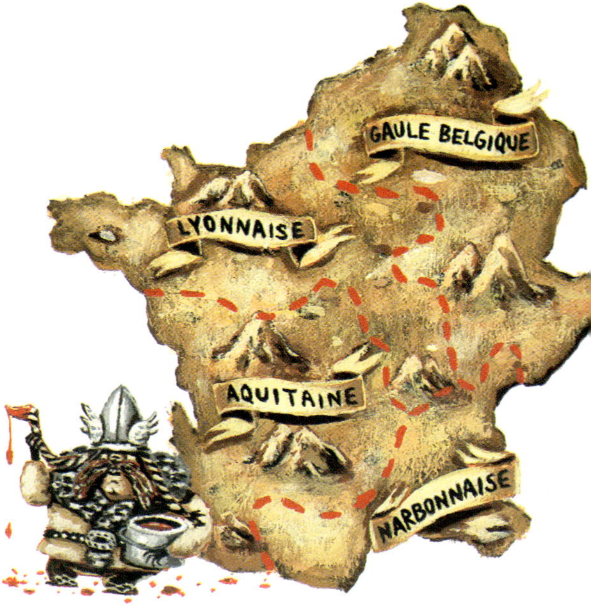

La paix romaine

La Gaule fait partie de l'Empire romain. Ses frontières sont protégées par l'armée romaine. Il y a encore quelques révoltes gauloises, mais pendant 300 ans, plus d'invasions, ni de grandes guerres ! C'est la *pax romana*, la paix romaine. Rome ne fait pas payer aux Gaulois un gros **tribut*** de guerre : le pays va rester riche et même se développer.

Tribut
Argent qu'un pays ayant perdu la guerre doit verser au vainqueur.

Des Gaulois aux Gallo-Romains

Assez vite, les Gaulois adoptent des habitudes romaines : dans leur façon de vivre, de se distraire, d'organiser la vie de leurs cités. Ils commencent à parler latin. Dans chaque ville, des magistrats sont élus, comme à Rome, pour prendre les grandes décisions. Des Gaulois vont aussi servir dans l'armée romaine. D'anciens légionnaires romains, eux, s'installent en Gaule, sur des terres que Rome leur a distribuées. Ainsi, peu à peu, les Gaulois deviennent gallo-romains : une nouvelle **civilisation*** est née.

Civilisation
Ensemble des modes de vie, des techniques et des arts d'un peuple à un moment donné.

Jour de marché.

Les rues de Lutèce grouillent de monde et d'erreurs. Retrouve les vingt-trois anomalies cachées dans cette scène. Solutions page 63.

ATE ROVGE

De grands travaux

Mega-infos
p. 44-45

En quelques dizaines d'années, les Romains transforment la Gaule en construisant des routes, des ponts, des aqueducs, et même des villes !

Les voies romaines

Les Gaulois avaient déjà de bonnes routes de terre où circulaient les chariots des marchands. Mais, pour permettre aux légions d'aller vite d'une région à l'autre, les Romains construisent, au départ de Lyon, de nouvelles voies en pierre. À intervalles réguliers, des bornes gravées indiquent la distance jusqu'à la ville la plus proche, en milles (un mille = 1 480 mètres), l'unité romaine, ou en lieues (une lieue = 2 222 mètres), l'unité gauloise.

Les grandes voies romaines sont larges, surélevées et bombées pour permettre aux pluies de s'écouler dans les fossés.

Des villes sortent de terre

Près d'un fleuve ou d'une plaine, les Romains tracent deux grands axes perpendiculaires et un réseau de rues à angle droit. Ainsi naissent Rouen, Vienne, Amiens, Carhaix, Limoges... Auguste, fils adoptif de Jules César et premier empereur romain, fonde Augustudunum (Autun), en 15 av. J.-C.

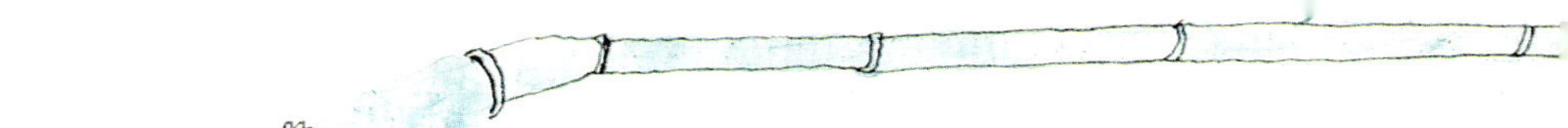

Des aqueducs gigantesques

Partout en ville, l'eau coule et jaillit : aux fontaines publiques, dans les thermes, les jardins… Pour amener l'eau, les Romains installent, au départ des sources, des canalisations appelées aqueducs, parfois sur des dizaines de kilomètres ! Pour passer au-dessus des ravins, on construit des ponts gigantesques comme celui du Gard, long de 275 mètres, qui enjambe la vallée du Gardon près de Nîmes. On peut encore l'admirer aujourd'hui.

Autour du forum…

Comme à Rome, le cœur de la ville gallo-romaine est le forum : une grande place, bordée de colonnades et de boutiques, où l'on vient faire ses courses, discuter des affaires de la cité, rencontrer des amis. Tout autour s'élèvent d'imposants bâtiments : un temple de la religion romaine, une **basilique***, des thermes pour les bains publics, des théâtres et des amphithéâtres… Même les villes gauloises sont transformées sur ce modèle.

Basilique
Sorte de halle couverte où l'on peut traiter ses affaires et rendre la justice.

Les plaisirs des bains

Mega-infos
p. 46-47

Les Gallo-Romains adoptent des distractions qui viennent tout droit de Rome : ils aiment se retrouver autour des bains des thermes, dans des lieux vastes et raffinés...

La vraie détente !

Vers quatre heures de l'après-midi, le Gallo-Romain, qu'il soit riche ou pauvre, homme ou femme, aime aller flâner aux thermes de sa ville. Il vient pour se laver bien sûr, mais aussi pour se détendre, bavarder avec quelques amis dans

les cours et les jardins, lire ou écouter de la musique en croquant une saucisse ou une pâtisserie.

Du chaud au froid

L'habitué des thermes se dirige d'abord vers la palestre, une grande esplanade où il s'échauffe par des jeux de balle. Puis il laisse ses vêtements au vestiaire, se frotte d'huile bien grasse et passe dans le *tepidarium* (salle tiède). Là, il se racle la peau avec une spatule en métal, un strigile. Il passe ensuite au *caldarium*, une salle aux bains très chauds où il transpire abondamment. Il se fait alors masser, puis, le corps reposé, plonge dans les bains d'eau froide du *frigidarium*.

De véritables palais

Chaque ville de Gaule a son établissement de bains. Lutèce (Paris) en a même trois, dont les thermes de Cluny, que l'on peut visiter aujourd'hui. Les thermes comportent parfois des bibliothèques, des salles de conférence ou de musique, des boutiques… Les murs et les plafonds, les jardins et les cours sont ornés de marbres, de mosaïques, de statues.

Les jeux du cirque

Mega-infos
p. 48-49

À chaque fête, le peuple se presse dans les amphithéâtres. Il aime le spectacle, l'émotion et le sang...

20 000 spectateurs !

Pour une fête religieuse ou l'élection d'un responsable de la cité, de riches Gallo-Romains offrent au peuple des jeux dans le cadre grandiose des amphithéâtres. La Gaule en compte plus de 50, situés dans les villes les plus importantes. À Arles, ou Saintes, 20 000 personnes peuvent s'y rassembler.

Des combats cruels

Les jeux s'ouvrent par des combats d'ours, de lions, de sangliers, de cerfs... Puis, des hommes affrontent ces animaux dans des décors imitant la forêt. Mais les plus attendus sont les gladiateurs, qui luttent deux par deux, souvent jusqu'à la mort. On les oppose selon leur armement : rétiaire (armé d'un filet et d'un trident) contre mirmillon (armé d'un bouclier rond et d'une courte épée) par exemple.

Qui sont les gladiateurs ?

Bien souvent des esclaves ou des condamnés à mort. Mais il y a aussi des hommes libres qui choisissent ce métier pour l'argent, et font des « écoles de gladiateurs », à Nîmes, Lyon ou Autun ! Certains arrivent à additionner plus de 50 victoires. Ils se donnent des surnoms féroces, comme Fulgur (la Foudre), Ferox (l'Intrépide)… On meurt bien jeune pourtant dans le métier, vers 25 ans, comme l'indiquent les inscriptions retrouvées sur les tombes des gladiateurs.

Au théâtre ou au cirque

Dans quelques villes comme Arles, Nîmes, Vienne, on va aussi au **cirque*** voir des courses de chars ou de chevaux. Enfin, partout en Gaule, et même à la campagne, s'élèvent des théâtres en plein air. On y applaudit des danseurs, des jongleurs, des mimes et aussi des pièces s'inspirant des légendes grecques et romaines.

Cirque
Gradins entourant une piste rectangulaire.

La « villa » gallo-romaine

Mega-infos
p. 50-51

La plupart des Gallo-Romains vivent à la campagne : dans des villages, des fermes, ou dans de grandes habitations appelées villas au centre de vastes domaines...

Des mini-villages

La villa est isolée au cœur d'un grand domaine, sur des terres très fertiles. Elle comprend d'un côté, la maison des propriétaires, et de l'autre, les bâtiments servant à l'agriculture : greniers, écuries, étables, maison des ouvriers agricoles, mais aussi des ateliers pour tisser la laine, forger les outils, travailler le cuir, fabriquer des poteries... Les habitants de la villa fabriquent tout ce dont ils ont besoin, et vendent leurs produits au marché voisin.

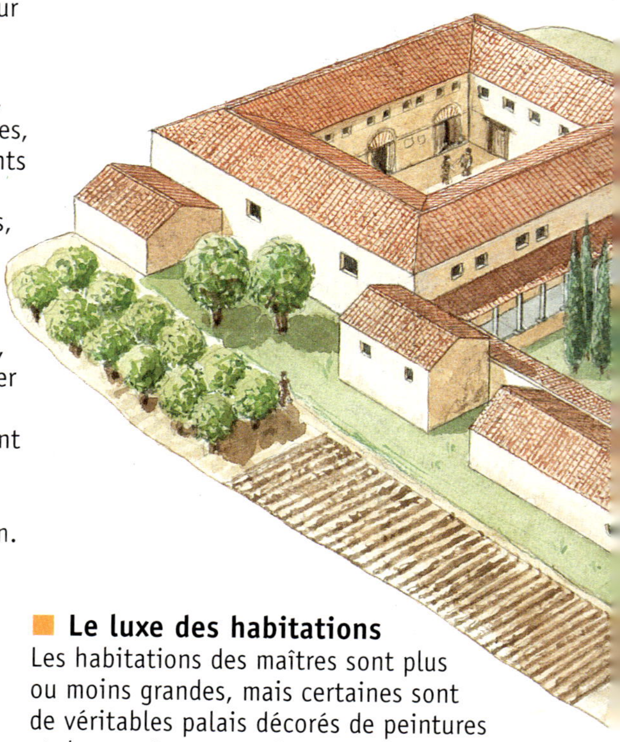

Le luxe des habitations

Les habitations des maîtres sont plus ou moins grandes, mais certaines sont de véritables palais décorés de peintures et de mosaïques. La villa de Chiragan, en Haute-Garonne, comporte 120 pièces ornées de statues en marbre des Pyrénées. De nombreuses villas ont leurs propres thermes, et même un système de chauffage par le sol très ingénieux. Même à la campagne, on peut vivre à la mode romaine !

traces au sol de la villa de Montmaurin en Haute-Garonne

Découvertes par avion !

En 1960, en observant les paysages d'avion, les archéologues ont eu la surprise de découvrir, gravées dans le sol, les traces de milliers de villas gallo-romaines. Les fouilles ont alors mis à jour les restes de ces étonnantes constructions restés enfouis durant des siècles.

Du blé et du vin

Les terres de Gaule continuent à produire beaucoup de blé, vendu dans tout l'Empire. Les Gallo-Romains apprennent aussi à cultiver la vigne, d'abord dans le Midi, puis dans la région de Bordeaux, en Bourgogne, et sur les rives de la Seine. Par ailleurs, les bœufs sont bien plus grands qu'avant, sans doute grâce aux croisements avec d'autres races.

Activité
p. 52-53

FABRIQUE UNE BALANCE GALLO-ROMAINE

Le développement du commerce en Gaule romaine entraîne l'utilisation de nouveaux instruments de mesure comme la balance.

Il te faut :

- une tringle à rideau de 1 m de long (28 mm de diamètre) et 2 embouts,
- 3 anneaux ouverts de 30 mm de diamètre,
- 2 petits pitons à vis,
- 2 crochets,
- un poids (plomb, pierre...),
- de la colle,
- du riz,
- un petit sac.

Fabriquer la balance

1. Visse les pitons sur la tringle suivant le schéma. Accroche un anneau à chaque piton.

2. Enfile le troisième anneau sur la tringle et colle les embouts. Suspends le poids à cet anneau.

Graduer la balance

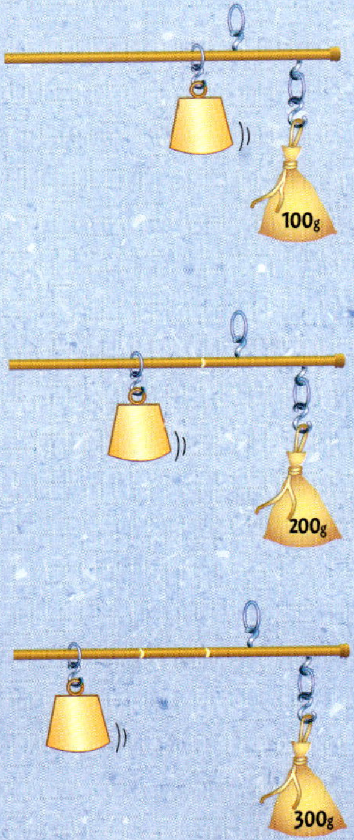

1. Place le sac rempli de riz à l'anneau fixe. Déplace le contrepoids. Lorsque la tringle est à l'horizontale et que l'équilibre est obtenu, trace un trait et note le poids.

2. Ajoute cent grammes de riz dans le sac, déplace à nouveau le contrepoids et note deux cents grammes. Parcours ainsi toute la tringle.

Des artisans réputés

Mega-infos
p. 54-55

Sous l'influence romaine, les artisans gaulois deviennent encore plus habiles. Dans tout l'Empire, on apprécie et on achète les objets qu'ils fabriquent...

Les maîtres de la poterie

Avec de l'**argile***, les potiers modèlent amphores, vaisselle, statuettes, tuiles pour les toits... Ils réalisent une magnifique céramique sigillée : ces beaux vases de couleur orangée sont ornés de motifs imprimés en relief grâce à un poinçon appelé *sigilla*. Près de Millau, dans l'Aveyron, plus de 10 000 vases peuvent être cuits en même temps dans un énorme four, à plus de 1 000 °C !

Argile
Terre grasse facile à modeler, qui durcit en cuisant.

Même à Pompéi !
Les poteries sigillées fabriquées dans l'Aveyron sont vendues dans toute la Gaule et même en Espagne, dans les îles britanniques, en Europe centrale, en Afrique du Nord et jusqu'en Égypte ! À Pompéi, la ville romaine détruite par l'éruption du Vésuve en 79 après J.-C., une caisse de cette vaisselle a été retrouvée sous la cendre, dans la maison d'une riche famille...

Les métiers de la pierre

Les Gaulois savaient déjà admirablement travailler le bois et les métaux. Mais pour construire villes et routes, ils apprennent à extraire et à tailler la pierre. Les maçons utilisent le mortier, mélange de chaux et de sable qui soude les pierres d'un mur. D'autres artisans se lancent avec succès dans la création de mosaïques et de peintures pour la décoration des thermes ou des villas.

Capuches gauloises

Les tisserands et les tailleurs confectionnent des capes et de courts manteaux de laine équipés d'une capuche. Ils sont si chauds et si pratiques, qu'ils se répandent sur les marchés romains ! Pour tous ces échanges, on utilise des monnaies romaines, à base d'or, d'argent ou de bronze, sur lesquelles est gravé le visage de l'empereur.

Les dieux des Gallo-Romains

Mega-infos
p. 56-57

Les Gallo-Romains vénèrent toujours des dieux gaulois, mais ils adoptent aussi certaines divinités romaines

Plus de druides

Après la conquête de la Gaule, les Romains chassent et poursuivent les druides qui ont soutenu des révoltes gauloises.
Ils interdisent aussi les sacrifices humains. Mais ils laissent les Gaulois honorer librement leurs dieux, comme ils l'ont fait avec tous les peuples qu'ils ont conquis.

Dieux romains... à la gauloise

Les Gaulois adoptent certains dieux romains, comme Mercure, dieu des voyageurs et des commerçants, Vulcain, dieu des forgerons, ou Jupiter, maître de la foudre. Mais ils les représentent à leur manière, parfois en habits gaulois, avec des **attributs*** nouveaux. Souvent aussi, le dieu romain se mêle à un dieu gaulois qui lui ressemble : on honore ensemble Mars et Teutatès, Jupiter et Taranis.
À la fin du IIᵉ siècle après J.-C., la religion chrétienne se répand aussi en Gaule.

Attribut
Objet ou symbole représentant un dieu (pour Jupiter, la foudre).

Les lieux sacrés

À la campagne, les Gallo-Romains bâtissent des temples en pierre à la place de ceux en bois de l'époque gauloise. À côté s'élèvent souvent des thermes et un théâtre ; on y fait des processions, des sacrifices d'animaux. Enfin, on va en pèlerinage près des sources d'eaux chaudes, pour demander une guérison. On offre au dieu de la source un bijou, une poterie, ou une statuette représentant la partie du corps malade.

La fin des Gallo-Romains

Mega-infos
p. 58-59

À partir du IVe siècle après J.-C., de nouveaux peuples menacent d'envahir la Gaule.

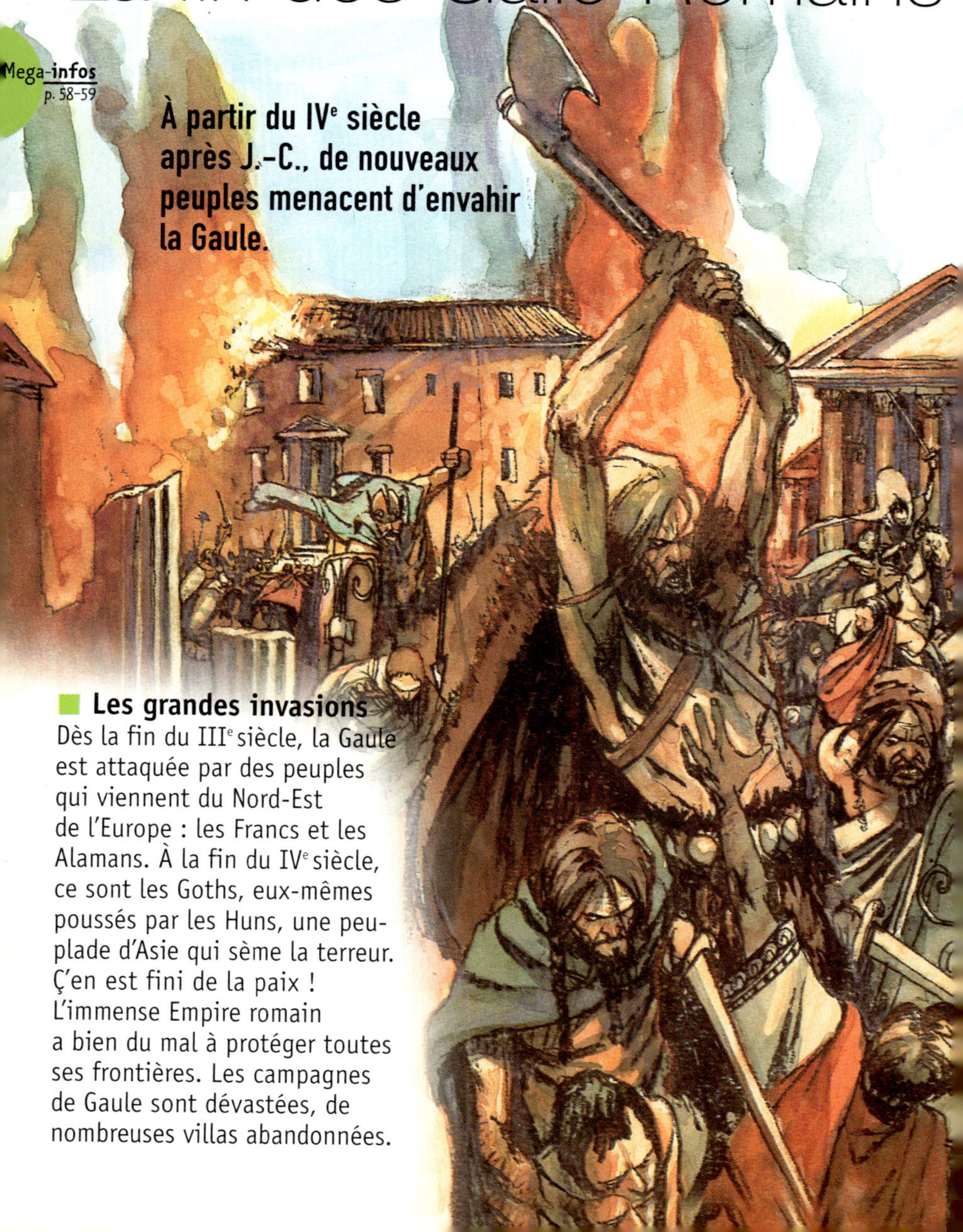

Les grandes invasions

Dès la fin du IIIe siècle, la Gaule est attaquée par des peuples qui viennent du Nord-Est de l'Europe : les Francs et les Alamans. À la fin du IVe siècle, ce sont les Goths, eux-mêmes poussés par les Huns, une peuplade d'Asie qui sème la terreur. Ç'en est fini de la paix ! L'immense Empire romain a bien du mal à protéger toutes ses frontières. Les campagnes de Gaule sont dévastées, de nombreuses villas abandonnées.

La fin de l'Empire romain

Au Ve siècle, les empereurs de Rome ont perdu beaucoup de leur puissance. Ils sont renversés ou assassinés les uns après les autres ! Finalement en 476, un chef germain nommé Odoacre bat Romulus Augustule, le dernier empereur romain. C'est la fin de l'Empire d'Occident.

Les Francs occupent la Gaule du Nord. Ils donneront leur nom au royaume de France.

Les Wisigoths s'installent en Aquitaine autour de Bordeaux et Toulouse.

Les Burgondes donneront leur nom à la Bourgogne.

Vers le Moyen Âge...

En 406, les **Barbares*** franchissent le Rhin et entrent en Gaule : ce sont les Vandales, les Burgondes, les Wisigoths, les Francs... L'époque gallo-romaine se termine, mais elle marquera longtemps les paysages, les villes et les lois...

Barbares
Guerriers de l'Europe du Nord et de l'Est, aux coutumes brutales.

vrai

Pour les Romains, l'animal qui symbolisait les Gaulois était le coq.

Vrai. En latin, les deux mots coq et gaulois se disaient *gallus*.

Les Gaulois habitaient dans des huttes ronde

Faux. Elles étaient plutôt rectangulaires.

Jules César a écrit le récit de ses combats en Gaule.

Vrai. Son livre s'appelle *La Guerre des Gaules*.

Les Gaulois n'utilisaient pas l'écriture.

Vrai.

Vercingétorix est mort à Alésia.

Faux. Il a été étranglé dans sa prison à Rome.

u faux ?

Lutèce était la capitale de la Gaule romaine.

Faux. C'était Lugdunum (Lyon).

Le légionnaire romain était mieux armé que le guerrier gaulois.

Faux.

Les Gallo-Romains chauffaient leurs maisons par le sol.

Vrai. Ils faisaient un feu au sous-sol et l'air chaud remontait grâce à des piles de tuiles creuses.

Les Gaulois formaient un seul et même peuple.

Faux. Ils étaient divisés en plusieurs tribus.

Index

Solutions du jeu des pages 42-43

Il fallait retrouver : une antenne parabolique, une enseigne de pharmacie (la croix verte), un feu rouge (premier feu rouge à Paris : 1923), une gouttière, une lanterne, un garçon en jean (XVIe siècle), un masque de plongée, l'inscription en français, des tomates (importées en Europe au XVIe siècle), un violon (XVIe siècle), une bouche d'égout, une paire de jumelles (vers 1600), un arc, des toilettes, un robinet, un vasistas, un cornet de glace, un homme en perruque (style XVIIe siècle), de la bière pression, une canne d'aveugle, une chaise longue, une bouteille de gaz.

Dans la même collection

1. La vie au Moyen Âge **2.** Le corps humain exploré
3. Fascinants pharaons d'Égypte **4.** Quand la nature nous étonne
5. À la rencontre des hommes préhistoriques **6.** Vrais et faux mystères du monde
7. L'aventure des grands explorateurs **8.** L'espace infini **9.** Louis XIV, Roi-Soleil
10. La Terre, notre planète **11.** Héros et dieux grecs
12. Inventions géniales et délirantes **13.** Romains, Romaines
14. Quand les Gaulois deviennent gallo-romains **15.** Cap sur le système solaire
16. Héros et rois du Moyen Âge **17.** Les fureurs de la Terre

Illustrations
Couverture : Richard Martens.
Fiction : Christian Heinrich. **Documentaire** : Pierre de Hugo. Claude Quiec. David Sala.
Cartes : Diego Aranega. **Vignettes** : Hugues Micols. **Jeu** : Dominique Billout.
Test et anecdotes : Colonel Moutarde.

Crédits photographiques
P. 20-21 : Goguey/Rapho. p. 34-35 : Ben Hur, film de 1959 de William Wyler/Cat's collection. p. 38 : archives Nathan. p. 48-49 : J.-L. Charmet. p. 51 : Yan/Rapho. p. 54 : G. Blot/RMN. p. 55 : Dagli Orti. Photographie des activités : Frédéric Hanoteau/Nathan.

Autocollants : Page 1 (de gauche à droite et de haut en bas) : Dagli Orti : Musée luxembourgeois, Arlon, Belgique ; Lauros-Giraudon : Musée des Antiquités nationales, Saint Germain-en-Laye ; R.M.N. : Musée des Antiquités nationales, Saint Germain-en-Laye ; Dagli Orti : Musée de la Civilisation romaine, Rome ; R.M.N./Blot : Musée des Antiquités nationales, Saint Germain-en-Laye ; R.M.N./J.-G. Berizzi : Musée des Antiquités nationales, Saint Germain-en-Laye ; Artephot/Bapier : Musée archéologique, Châtillon-sur-Seine. Page 2 : Dagli Orti : Musée des Antiquités nationales, Saint Germain-en-Laye ; Dagli Orti : Musée luxembourgeois, Arlon, Belgique ; R.M.N. : Musée des Antiquités nationales, Saint Germain-en-Laye ; Josse : Musée historique et archéologique, Orléans ; Lauros-Giraudon : Musée municipal, Laon ; Dagli Orti : Document Jean Vinchon ; Hoa Qui/P. R.
Fiches (de gauche à droite) : Haut : Josse : Peinture de N. L. Royer : Musée des Beaux-Arts, Le Puy ; Stock Image/D. Fox ; Dagli Orti : Archéodrome de Beaune ; Astérix le Légionnaire © 1999 Éditions Albert René/Goscinny-Uderzo ; Dagli Orti : Musée Boucher de Perthes, Abbeville ; Dagli Orti : Musée de la Civilisation romaine, Rome. Bas : Rapho/De Sazo : archéodome de Meursault ; Artephot/Held : Musée de Châtillon-sur-Seine ; Magnum/E. Lessing : Musée national, Copenhague ; Dagli Orti : Musée de la Civilisation gallo-romaine, Lyon ; Hoa Qui/B.Wojtek ; Hoa Qui/B. Machet.

N° projet : 10053004 (I) 9 CSBTS 135° - Mars 1999
Imprimerie G. Canale & C. S.p.A. - Borgaro T.se - Turin
Conforme à la Loi numéro 49 956 di 16 juillet 1949 sur les publications destinées à la jeunesse
ISBN 2.09.279017-X

Autocollants

reconstitution d'un char de course

cuirasse

casque gaulois

légionnaire romain

poterie sigillée

« gourde » en terre cuite

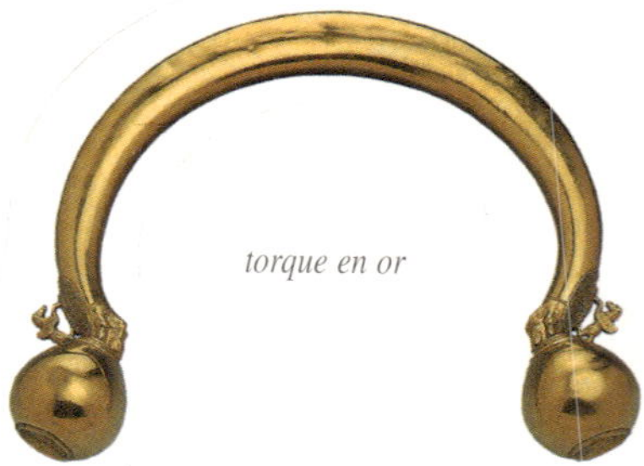

torque en or

Autocollants

statuette de Taranis, le Jupiter gaulois

reconstitution d'une moissonneuse

couteau représentant Bacchus

sanglier

fibule pour accrocher un vêtement en forme d'oiseau

monnaie gauloise en or

coq, symbole des Gaulois

Fiche-photo

Un gladiateur

L'amphithéâtre est bondé.
Riches et pauvres
sont venus au spectacle.
Le gladiateur tient son fouet
et sa lance et se prépare
à combattre des animaux.

Relief du IIe siècle après J.-C.

Fiche-photo

Une villa gallo-romaine

Cette maquette
reconstitue le domaine
d'un riche Gallo-romain.
On distingue l'importante
maison du propriétaire et,
au premier plan,
les bâtiments d'exploitation.

Fiche-photo

Pont du Gard

Cet immense aqueduc
alimentait Nîmes en eau.
L'eau, amenée dans
des châteaux d'eau,
était alors répartie entre
les fontaines, les monuments
publics et de très rares
maisons privilégiées.

Ier siècle après J.-C.

Fiche-photo

Une voie romaine

Les Romains construisent
de grandes voies en pierre
dans toute la Gaule,
mais aussi dans tout
leur empire au fur
et à mesure des conquêtes.
On peut ainsi encore admirer
cette route à Dougga,
en Tunisie.

Fiche-photo

Astérix et Obélix

Dans la célèbre bande dessinée,
nous sommes en 50 avant Jésus-Christ.
La Gaule a déjà été conquise par César
et les Romains l'ont envahie.
Seul le village gaulois d'Astérix et Obélix résiste encore.

Fiche-photo

Les jeux du cirque

Cette mosaïque représente une course de quadriges,
chars tirés par quatre chevaux.
Le moment le plus délicat est le passage des virages.
Les collisions et les accidents sont fréquents
mais ne font qu'exciter les spectateurs !

mosaïque gallo-romaine du IIe siècle après Jésus-Christ.

Fiche-photo

Fortifications de César

Pour encercler l'armée gauloise, César construit tout autour d'Alésia d'importantes fortifications. Les tours permettent d'assiéger les Gaulois, mais aussi de voir venir une éventuelle armée de secours.

Fiche-photo

Maison carrée à Nîmes

Ce temple de plan rectangulaire imite les modèles romains. Il témoigne de la civilisation gallo-romaine. De nombreux monuments ont ainsi été construits dans toute la Gaule et sont encore visibles aujourd'hui.

Fiche-photo

Cernunnos

Ce dieu gaulois porte des ramures de cerf sur le front. Entouré d'animaux, il tient dans sa main droite un torque et dans sa main gauche un serpent. On le représente aussi souvent avec une corne d'abondance, d'où s'échappent des fruits et des monnaies, symboles de richesse.

Fiche-photo

Le vase de Vix

Ce vase en bronze du VIe siècle est sans doute le plus grand jamais mis à jour. Haut de 1,64 mètre, il pèse 208 kilogrammes et peut contenir 1 100 litres !

Fiche-photo

Vercingétorix se rend à César

Pour sauver les Gaulois retenus depuis deux mois dans Alésia,
Vercingétorix se rend au général romain Jules César.
Le XIXe siècle en a fait un héros
et les peintres ont souvent illustré ce thème.

Tableau de H-P Motte, 1886.

Fiche-photo

La ferme gauloise

Le toit en chaume repose sur des poteaux de bois.
Les murs sont faits avec un mélange de terre,
d'eau et de paille, le torchis.
La maison est flanquée d'un grenier sur pilotis
dans lequel on stocke les récoltes.

Reconstitution sur l'archéodrome de Meursault (Bourgogne).